AF240439

PETIT GUIDE

Administratif et fiscal

à *l'usage*

DES AUTOMOBILISTES

Prix : 2 fr. 50

Un bon conseil !
Lisez attentivement *cette brochure*
et achetez
une bouteille **MAGONDEAUX**
avec le " Modérateur ".

Vous serez en règle avec le CODE
DE LA ROUTE *et sûr d'avoir toujours*
de la LUMIÈRE.

Sté des Appareils MAGONDEAUX
212ter, Boulevard Péreire
— PARIS - XVIIe —

PETIT GUIDE ADMINISTRATIF ET FISCAL
à l'usage des Automobilistes

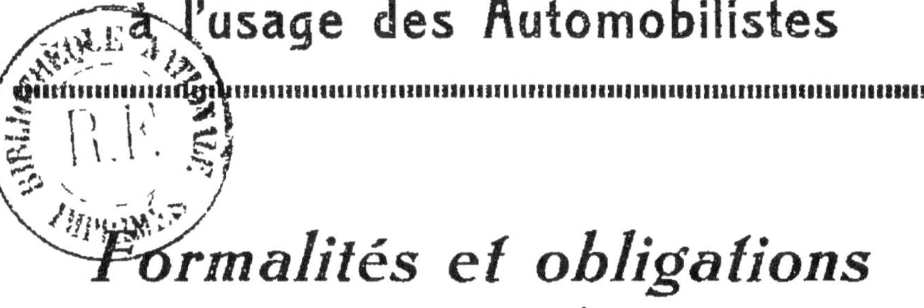

Formalités et obligations

Tout conducteur de véhicule automobile doit être porteur :

1° D'un récépissé de déclaration à la préfecture, dit *carte grise* ;

2° D'un permis de conduire, dit *carte rose* ;

3° D'un permis de circulation des contributions indirectes, dit *laissez-passer*.

Tout automobiliste circulant sur la voie publique est tenu de représenter les trois pièces énumérées ci-dessus à toute réquisition de l'autorité publique.

I. *Carte grise*

Pour être autorisé à circuler, tout véhicule automobile doit être déclaré à la Préfecture du Département, en Province ; à la Préfecture de Police, à Paris.

L'autorisation est donnée sous la forme d'un récépissé (carte grise) mentionnant le numéro qui doit figurer sur les deux plaques réglementaires à l'avant et à l'arrière de la voiture.

Pièces à fournir

1° Une demande sur timbre adressée à M. le Préfet du Département (pour Paris, Préfet de Police), énonçant :

a) Nom, prénoms et domicile ;

b) Nom du constructeur et son adresse ;

c) L'indication du type de la voiture et le numéro d'ordre dans la série de ce type ;

d) Le genre de véhicule.

2° Le certificat d'origine remis par le constructeur.

NOTA. — Joindre un mandat de 2 francs 40 pour prix du timbre de dimension, qui doit être apposé sur la carte grise.

Changement de propriétaire. — Le nouveau propriétaire remplit les formalités énumérées ci-dessus et demande à échanger l'ancienne carte grise contre une carte libellée à son nom. A défaut du certificat d'origine, joindre l'ancienne carte grise.

NOTA. — Le numéro d'immatriculation de la voiture ne change que si l'acheteur et le vendeur habitent deux arrond'ssements minéralogiques différents. Ci-dessous, tableau des différents arrondissements minéralogiques et leurs lettres caractéristiques :

ARRONDISSEMENTS MINÉRALOGIQUES	LETTRES CARACTÉRISTIQUES	
	pour véhicules ordinaires	pour les véhicules des Fabricants et des Marchands
Alais.	A	W 15
Arras	R	W 2
Bordeaux	B	W 3
Chalon-sur-Saône (Lyon)	C	W 4
Chambéry	H	»
Clermont-Ferrand	F	W 6
Douai	D	W 7
Le Mans (Nantes)	L	W 8
Marseille	M	W 9
Nancy	N	W 10
Poitiers	P	»
Rouen (Versailles)	Y ou Z	W 12
Saint-Etienne	S	W 13
Toulouse	T	W 14
Bas-Rhin	J I	W 5
Haut-Rhin	J II	W 5
Moselle	J III	W 5
Paris	E G I U X	W 1

Cartes grises W et WW

1° *Cartes grises W*. — Exclusivement réservées aux voitures destinées à la vente, elles sont à l'usage des constructeurs, réparateurs et tous négociants en automobiles.

Leur validité s'étend à toute l'année en cours. Pour obtenir une carte grise W, il faut adresser une demande au Préfet, qui statue.

La détention des cartes W entraîne l'obligation de tenir un registre journal où doivent être inscrits, chaque jour, pour chacun des véhicules mis en circulation avec ces cartes, la désignation précise du véhicule, le n° W dont il est muni, le nom du conducteur ainsi que les motifs de la mise en route.

2° *Cartes grises WW*. — Les cartes grises WW (par carnets de dix) s'obtiennent de la même façon que les précédentes. Valables une seule fois et pour dix jours au maximum, elles servent à légitimer le transport par la route, des voitures destinées à l'exportation et des voitures neuves ou d'occasion allant de chez le constructeur ou négociant au domicile de l'acquéreur.

Chacun des dix feuillets du carnet comporte une souche et une ampliation qui doivent, l'une et l'autre, au moment de l'emploi, être remplies, datées et signées par le détenteur du carnet. L'ampliation, revêtue du timbre de dimension et du cachet de la Préfecture, présente le signalement du véhicule, indique le commencement et la fin de la durée de validité, ainsi que le parcours autorisé avec mention de l'itinéraire, s'il y a lieu. Cette pièce constitue entre les mains de l'attributaire temporaire une véritable carte grise permettant au Receveur buraliste de délivrer le permis de circulation.

Le nombre de personnes devant se trouver sur la voiture n'est pas limité.

Laissez-passer spéciaux accompagnant les cartes W et WW. — Les voitures immatriculées W et WW sont exemptes d'impôts mais doivent cependant être accompagnées d'un laissez-passer des Contributions indirectes dont le coût est celui du timbre : 0 fr. 25.

Le laissez-passer est annuel, pour les cartes W, occasionnel, c'est-à-dire valable une seule fois pour les cartes WW.

II. *Permis de conduire :*
Carte rose.

Tout conducteur de véhicule automobile doit être titulaire d'un certificat de capacité (carte rose) qui est obtenu après examen pratique et théorique passé devant les ingénieurs des mines.

Pièces à fournir

1° Une demande sur timbre à 2 fr. 40, adressée au Préfet du Département, en province ; au Préfet de Police, à Paris, énonçant nom, prénoms, domicile, lieu et date de naissance;

2° Certificat de domicile du Commissaire ou du Maire ;

3° Pièce justificative d'identité donnant l'état-civil du pétitionnaire, *sur timbre* ;

4° Deux photographies du visage de 4 sur 5 cm. ;

5° Un reçu du percepteur du département où doit être passé l'examen, constatant le versement d'un droit qui est fixé à 65 francs ;

Ajouter : 1° Un timbre de 0 fr. 25 pour affranchissement de la lettre de convocation ;

2° Un mandat de 2 fr. 40 pour timbre du permis définitif.

Tout candidat qui, sans excuse jugée valable par le service des Mines, ne se présente pas au jour et à l'heure fixés pour l'examen, perd le montant du droit qu'il a consigné.

Aucune restitution, même partielle, n'est faite aux candidats ajournés.

NOTA. — 1° Le droit de 65 francs perçu par le percepteur peut être réduit à 35 francs pour le candidat qui cherche dans l'exercice de la profession de chauffeur un moyen de subvenir à son existence (exemple : chauffeur de taxi) ;

2° Aucune entreprise ni service public ne peut engager un conducteur de moins de seize ans pour les motocycles, et de dix-huit ans pour les voitures automobiles ;

3° Les femmes peuvent obtenir le permis de conduire dans les mêmes conditions que les hommes.

III. *Permis de Circulation*
ou Laissez-passer

Aucun véhicule automobile ne peut circuler sur la voie publique sans être accompagné d'un permis de circulation délivré par l'Administration des Contributions indirectes.

Cette pièce s'obtient à la Recette buraliste des Contributions indirectes du lieu de résidence du propriétaire de la voiture, sur présentation de la carte grise et contre payement de l'impôt afférent au trimestre en cours.

NOTA. — Un bureau de recette est ouvert à la Préfecture de Police, à Paris, pour permettre aux nouveaux possesseurs d'automobiles d'effectuer sans délai le premier versement de la taxe et de retirer le permis de circulation en même temps que la carte grise.

Il existe trois sortes de permis :

1° *Le permis à durée limitée*, qui n'est valable que pour la durée mentionnée en toutes lettres sur le laissez-passer. La taxe afférente à la durée limitée est immédiatement perçue. Ce permis exempt de toutes formalités, s'annule de lui-même à la limite fixée.

2° *Le permis ordinaire*, qui est valable jusqu'à déclaration de cesser.

3° *Le permis accidentel.* — Lorsque la circulation d'une auto non imposée pour le trimestre en cours a lieu *très accidentellement* pour un motif que les besoins personnels de son possesse l'administration des Contributions indirectes délivre des permis ne comportant que le coût du timbre (0,25). Mais afin d'éviter des abus, les intéressés devront remettre au Receveur buraliste une déclaration écrite précisant le motif du déplacement du véhicule, le parcours à effectuer, la durée du trajet ainsi que les nom et qualités du conducteur, et, le cas échéant, des personnes transportées.

Ces indications sont reproduites au permis où figure, en outre, une mention précisant que ce titre serait considéré comme inexistant au cas d'inexactitude reconnue.

Constatation de l'impôt. — La mise en circulation du véhicule automobile détermine seule l'imposition et non pas la simple possession.

NOTA. — La déclaration à faire aux Contributions Indirectes est complètement indépendante de celles qui doivent être faites à la Préfecture, pour l'obtention de la carte grise et à la Mairie pour l'inscription militaire.

Indépendamment de la taxe indiquée ci-dessus, le contribuable reste soumis :

Pour Paris, à la taxe municipale dite de remplacement des droits d octroi ;

Pour la Province, aux prestations départementales.

Taxe de circulation. — La taxe de circulation est due par trimestre et d'avance, sans avertissement.

Les redevables ont la faculté de se libérer pour une année entière.

NOTA. — Les droits sont dûs pour le trimestre entier quelles que soient les dates de mise en circulation ou de cessation de la voiture. Les trimestres sont conventionnels et vont :

Du 1er Janvier au 31 Mars.
Du 1er Avril au 30 Juin.
Du 1er Juillet au 30 Septembre.
Du 1er Octobre au 31 Décembre.

Déclaration de cesser. — Du moment qu'une voiture automobile a fait l'objet d'une déclaration de mise en circulation, elle est réputée circuler aussi longtemps que la déclaration n'a pas été révoquée. Les contribuables qui veulent se dispenser d'acquitter l'impôt sont donc tenus de souscrire une déclaration de cesser à la Recette buraliste et de déposer leur permis de circulation avant le début des périodes trimestrielles pendant lesquelles les véhicules doivent être immobilisés.

A défaut de l'accomplissement de cette formalité, la constatation et le payement des droits sont de règle. Un récépissé de cessation dont le coût est de 0 fr. 25 est délivré par le Receveur buraliste.

Voitures immobilisées ou vendues

Trois cas peuvent se produire :

1° Le propriétaire du véhicule se borne à faire une déclaration de cesser au bureau d'émission du laissez-passer.

2° Il substitue une nouvelle voiture à l'ancienne. Dans ce cas, l'ancien laissez-passer est échangé contre un nouveau permis de circulation et les droits acquittés pour le trimestre en cours reportés au compte de la nouvelle voiture.

3° Le vendeur fait bénéficier l'acheteur des droits acquittés. Celui-ci se présente à la Recette buraliste de sa localité, muni d'une carte grise à son nom et du permis de circulation qui lui a été remis pas le vendeur. Un nouveau permis de circulation est établi à son nom et l'impôt acquitté par le vendeur transféré à son compte.

NOTA. — Dans tous les cas de vente, le vendeur doit remettre à l'acheteur sa carte grise, annulée par la mention « voiture vendue à M..... (adresse exacte) date et signature ».

Mode de calcul de la taxe de circulation

Le nouveau mode de calcul de la taxe de circulation ne porte que sur la force en chevaux vapeur (CV) du moteur de la voiture.

Le tarif réduit est supprimé.

Le nombre de places du véhicule et la densité de la population n'entrent plus en ligne de compte pour le calcul de l'impôt.

Les voitures sont divisées en trois catégories :

1° Voitures servant au transport de personnes dont le tarif est arrêté par une autorité publique (taxis).

Les droits annuels sont de 36 francs par CV quel que soit le nombre de chevaux-vapeur ;

2° Voitures servant au transport des marchandises (camions, camionnettes).

Les droits annuels sont de 36 francs par CV jusqu'au 10ᵉ CV, et de 44 francs pour chaque CV au-dessus ;

3° Voitures servant au transport des personnes (particuliers).

Les droits annuels sont de 36 francs par CV jusqu'au dixième, de 44 francs par CV du dixième au vingtième; de 52 francs pour chaque CV au-dessus du vingtième.

NOTA. — Les voitures dites de grande remise rentrent dans cette dernière catégorie.

Dans les trois cas, le minimum d'imposition est de 5 CV.

Voir le barême pages 12 et 13.

Cyclecars et side-cars

Pour les cyclecars et side-cars, aux points de vue police et contributions, mêmes formalités que pour les voitures automobiles. Leur taxe est fixe quelle que soit leur force en CV.

Cyclecars : 120 francs par an.
Sidecars : 60 francs par an.

NOTA. — Le cyclecar, pour être considéré comme tel vis-à-vis de l'impôt, ne doit pas avoir un poids supérieur à 350 kil. et une cylindrée de plus de 1.100 cmc. Les moteurs électriques ne doivent pas fournir une puissance supérieure à 5 kilowats effectifs.

Canots automobiles de plaisance

Les bateaux de toutes formes et de tous tonnages munis d'un moteur mécanique et destinés à la navigation de plaisance à l'intérieur des eaux territoriales (maritimes ou fluviales) sont soumis aux mêmes formalités que les véhicules automobiles et passibles d'une taxe de 10 francs par cheval-vapeur ou fraction de cheval-vapeur et par an, avec un minimum d'imposition de 3 CV.

Barême des Impôts

CV	Transport de Personnes				Transport de Marchandises				Entreprises de Transport			
	1 trimestre	2 trimestres	3 trimestres	Année	1 trimestre	2 trimestres	3 trimestres	Année	1 trimestre	2 trimestres	3 trimestres	Année
5	45	90	135	180	45	90	135	180	45	90	135	180
6	54	108	162	216	54	108	162	216	54	108	162	216
7	63	126	189	252	63	126	189	252	63	126	189	252
8	72	144	216	288	72	144	216	288	72	144	216	288
9	81	162	243	324	81	162	243	324	81	162	243	324
10	90	180	270	360	90	180	270	360	90	180	270	360
11	101	202	303	404	101	202	303	404	99	198	297	396
12	112	224	336	448	112	224	336	448	108	216	324	432
13	123	246	369	492	123	246	369	492	117	234	351	468
14	134	268	402	536	134	268	402	536	126	252	378	504
15	145	290	435	580	145	290	435	580	135	270	405	540
16	156	312	468	624	156	312	468	624	144	288	432	576
17	167	334	501	668	167	334	501	668	153	306	459	612
18	178	356	534	712	178	356	534	712	162	324	486	648
19	189	378	567	756	189	378	567	756	171	342	513	684
20	200	400	600	800	200	400	600	800	180	360	540	720
21	213	426	639	852	211	422	633	844	189	378	567	756
22	226	452	678	904	222	444	666	888	198	396	594	792
23	239	478	717	956	233	466	699	932	207	414	621	828
24	252	504	756	1008	244	488	732	976	216	432	648	864
25	265	530	795	1060	255	510	765	1020	225	450	675	900
26	278	556	834	1112	266	532	798	1064	234	468	702	936
27	291	582	873	1164	277	554	831	1108	243	486	729	972

Barême des Impôts *(suite)*

CV	Transport de Personnes				Transport de Marchandises				Entreprises de Transport			
	1 trimestre	2 trimestres	3 trimestres	Année	1 trimestre	2 trimestres	3 trimestres	Année	1 trimestre	2 trimestres	3 trimestres	Année
28	304	608	912	1216	288	576	864	1152	252	504	756	1008
29	317	634	951	1268	299	598	897	1196	261	522	783	1044
30	330	660	990	1320	310	620	930	1240	270	540	810	1080
31	343	686	1029	1372	321	642	963	1284	279	558	837	1116
32	356	712	1068	1424	332	664	996	1328	288	576	864	1152
33	369	738	1107	1476	343	686	1029	1372	297	594	891	1188
34	382	764	1146	1528	354	708	1062	1416	306	612	918	1224
35	395	790	1185	1580	365	730	1095	1460	315	630	945	1260
36	408	816	1224	1632	376	752	1128	1504	324	648	972	1296
37	421	842	1263	1684	387	774	1161	1548	333	666	999	1332
38	434	868	1302	1736	398	796	1194	1592	342	684	1026	1368
39	447	894	1341	1788	409	818	1227	1636	351	702	1053	1404
40	460	920	1380	1840	420	840	1260	1680	360	720	1080	1440
41	473	946	1419	1892	431	862	1293	1724	369	738	1107	1476
42	486	972	1458	1944	442	884	1326	1768	378	756	1134	1512
43	499	998	1497	1996	453	906	1359	1812	387	774	1161	1548
44	512	1024	1536	2048	464	928	1392	1856	396	792	1188	1584
45	525	1050	1575	2100	475	950	1425	1900	405	810	1215	1620
46	538	1076	1614	2152	486	972	1458	1944	414	828	1242	1656
47	551	1102	1653	2204	497	994	1491	1988	423	846	1269	1692
48	564	1128	1692	2256	508	1016	1524	2032	432	864	1296	1728
49	577	1154	1731	2308	519	1038	1557	2076	441	882	1323	1764
50	590	1180	1770	2360	530	1060	1590	2120	450	900	1350	1800

Automobiles venant de l'Etranger

A leur passage à la frontière, la douane leur délivre :

1° Des permis valables pour 48 heures, dimanches et fêtes non compris avec maximum de deux par mois ;

2° Des permis valables pour un ou deux mois, au gré de l'automobiliste, moyennant le payement d'une taxe.

Sont soumis à la réglementation intérieure, les automobilistes dont le séjour en France dépasse deux mois au cours de la même année. Ils ont la faculté de se faire placer sous le régime français dès leur passage à la frontière. Ils acquittent alors les droits afférents au trimestre en cours.

Chèques-postaux et Mandats-contributions

Les contribuables ont la faculté de se libérer, sans déplacement, de l'impôt sur les automobiles, en utilisant soit le mandat ordinaire, soit le chèque barré, soit le chèque postal (prendre le numéro du C/C du Receveur chargé de la constatation), soit par mandat-contribution.

Ce dernier mode de payement est de beaucoup le plus simple. Le récépissé délivré par la poste est libératoire.

NOTA. — Ne pas omettre de mentionner sur le talon du mandat le numéro du permis de circulation.

**vous livrera votre voi-
ture en se chargeant
de *toutes* les formalités
nécessaires dont il est
question dans ce guide**

Agents directs de :

CITROËN   HISPANO-SUIZA
TALBOT   ...LORRAINE...
VOISIN   DELAHAYE, etc.

2, Rue des Sablons, PARIS-XVI

Téléphone : (10 lignes)

Imp. MORICE Frères, 7, Cité Adrienne, PARIS (XX°).